DU CONGRÈS

ET DE

L'ÉQUILIBRE EUROPÉEN

PRINCIPES DE DROIT INTERNATIONAL

AF260204

PRÉAMBULE.

L'un des plus tristes spectacles de notre temps, des
moins aperçus et remarqués, c'est celui de l'aveuglement
a peu près général des intelligences, l'obscurcissement
presqu'universel des dons de l'esprit, et l'ignorance à peu
près complète des sources et principes du Vrai et du Juste,
tous ces maux que l'on retrouve plus particulièrement
dans les classes dites élevées et chez ceux qui, par leur
position et leurs fonctions dans l'ordre social, sont plus
spécialement appelés à conduire, éclairer, gouverner les
nations, et à en diriger les pas et les destinées vers le bien,
le droit, le vrai, l'accomplissement de la volonté souveraine et souverainement bonne de Dieu.

Toute l'Europe, le monde entier, on le sent encore assez
généralement, sont à l'heure qu'il est dans un état de gêne,
de crise, de travail secret, souterrain et intérieur, de révolution prochaine qui ne peut plus durer, et qui doit aboutir
nécessairement, fatalement, prochainement, ou à des efforts
surhumains de la volonté humaine pour en conjurer les
éclats, ou à de grands évènements destinés à refaire les
sociétés et les gouvernements en les replaçant sur des
bases nouvelles, ou mieux, en les reconstituant dans ces

conditions, sur ces assises du vrai droit, dont les uns et les autres n'auraient dû défaillir,... quoiqu'en disent sans cesse les organes menteurs de la fausse Presse et de la paix à tout prix, et tous ces intéressés qui ne veulent de celle-ci que pour faire en repos leur petite et sale besogne, l'édification de leur pouvoir personnel et le triomphe de leurs minces et pauvres idées, qui n'arrêteront et ne conjureront rien.

C'est pour essayer un instant d'entrevoir les causes de ce mal dont un chacun a plus ou moins conscience, d'en délibérer, et de voir en commun à écarter toute occasion prochaine de ce conflt épouvantable que tout le monde pressent devoir être le cadre de ce remaniement des situations, et des choses tant redouté, que s'est réuni à Berlin le Congrès de la Diplomatie européenne, cette assemblée des représentants du Monde civilisé et de la race blanche, dominatrice providentielle de la terre, ce cénacle des plus fortes têtes politiques de notre époque, et des maîtres prétendus de la science politique.

Quel que soit le génie personnel incontestable d'une partie des membres de ce nouveau Sénat européen, et la bonne volonté présumée des Gouvernements d'arriver à une entente sur les objets essentiels de leur réunion, il est facile de prévoir et de leur prédire dès à présent que, grâce à cet aveuglement auquel ils sont en proie, leurs efforts n'aboutiront pas, et que la guerre, une guerre sanglante, épouvantable, une guerre générale et universelle entremêlée de guerres civiles et de révolutions particulières, sera le seul fruit qu'ils retireront de cet essai de conciliation des ambitions, des intérêts et des appétits,

Par ce seul motif,

1° Qu'aucun des gouvernements, qui prennent part au Congrès n'a l'intention arrêtée de traiter à fond la question européenne, celle de la politique humaine actuellement nécessaire au regard des desseins et de la volonté de Dieu.

2° Qu'aucun des hommes du Congrès n'a même l'idée et la notion de ce que peut et doit être cette politique et quels en sont au fond les principes et les bases, tous ne suivant, dans cette assemblée, que les inspirations de leur instinct

QUESTIONS POLITIQUES

DU

CONGRÈS

ET DE

L'ÉQUILIBRE EUROPÉEN

PRINCIPES DE DROIT INTERNATIONAL

Par un Alsacien

PRIX : 50 CENTIMES

Astiterunt reges terræ, et principes
convenerunt in unum adversus Domi-
num et adversus Christum suum.
Qui habitat in Cœlis, irridebit eos,
et Dominus subsannabit eos.
Psalm. 2. v. 2, 4.

LILLE
Imprimerie A. MÉRIAUX, rue Saint-Étienne, 6.
Se vend chez tous les Libraires, dans les Kiosques,
Débitants de tabac,
Et au bureau du Journal LE FOUET, rue St-Étienne, 6.

secret, de vues personnelles de leurs Gouvernements, et d'une certaine expérience relative, non éclairée par les données premières de l'ordre politique supérieur.

3° Qu'aucun Gouvernement au monde n'est actuellement disposé à se reformer d'abord lui-même et à sacrifier à son bonheur futur et à celui des nations et de l'Europe, ses fausses opinions, ses fausses doctrines de gouvernement, ses hérésies, ses absolutismes, ses négations de droit, sés injustices, ses ambitions, ses conquêtes illégitimes, pour refaire partout le Juste, et remanier volontairement, comme il se conviendrait, et la carte de l'Europe, et les constitutions et institutions des peuples, et les lois des rapports nécessaires, de l'Église et de l'État, premier principe du bien que nous devons rechercher aujourd'hui, du mal dont nous souffrons.

Mais supposez un instant que les membres et participants du Congrès aient cette bonne volonté sérieuse de la réalisation du Juste et du Bien qui leur fait avant tous défaut, encore leur faudrait-il savoir ce qu'ils doivent faire pour la mettre en œuvre et pratique, et quelles sont les idées, les principes, les notions précises qui devraient servir de point de départ à leur action, à leurs résolutions, à leurs décisions.

Ce sont ces idées, ces principes, ces notions premières, bases de l'équilibre européen et du droit international nécessaire que l'on se propose d'examiner devant eux et le monde politique, dans ce petit travail, afin qu'il ne soit pas dit absolument qu'ils en ont ignoré et qu'aucune voix ne s'est fait entendre pour leur parler de vérité et protester en faveur du droit.

Tel est l'objet de cet écrit : Puisse t-il réaliser à son tour son but et faire quelque bien !

PRINCIPES ESSENTIELS.

I

Les principes premiers et les notions fondamentales, en cette matière délicate, sont les suivants :

1° Dieu, Créateur du Ciel et de la Terre, est le Souverain

Seigneur et Maître des Nations comme des individus ; et rien de ce qui arrive dans le domaine politique et international ne Lui est étranger, mais a, au contraire, un rapport direct avec les vues et les desseins de son Eternelle Prescience pour l'accomplissement de Sa Volonté souveraine et la recherche de Sa propre Gloire.

Tout Etat doit donc pratiquer la Justice en appliquant et faisant appliquer la loi de Dieu et du droit naturel renfermés dans le décalogue, en obéissant à la volonté de Dieu, en cherchant à connaître et à réaliser la loi et mission de sa vocation particulière comme instrument divin au service du vrai Dieu pour la propagation de Sa révélation et de Son culte, pour Sa Gloire.

2° Dieu est l'auteur des peuples et des nations comme des individus : Chaque peuple, chaque nation tire de Lui sa vie et sa venue sur la scène du monde, pour y jouer le rôle que Dieu Lui a destiné pour le bien et sa gloire, ou celui que la liberté de ses dirigeants lui impose contre Dieu, au mépris de la volonté admirablement et universellomet bonne de Dieu, mais toujours avec la permission et sous le contrôle et gouvernement de ce même Dieu sans Qui rien n'arrive.

3° Chaque nation a sa vocation particulière au service de Dieu et sa destinée préparée, dont elle peut dévier, et reçoit le territoire, les moyens de puissance, les hommes, les institutions et les forces nécessaires à l'accomplissement de sa mission propre dans l'histoire humaine et dans l'ordre des puissances terrestres.

4° Le but unique de l'existence des nations, c'est de participer pour ou contre Dieu, à la lutte ouverte, dès l'origine des choses et des temps, entre le mal né du péché et de la révolte et guerre contre Dieu et les puissances créées amies de Dieu pour l'exercice et l'épreuve de la liberté humaine en faveur de Dieu, du Bien, du Vrai, du Juste, du Beau, du Grand, du Saint.

5° Le Mal a ses agents humains, ses Etats, ses peuples, ses empires, son culte, ses églises, ses docteurs, ses princes, ses rois, ses nations, comme le Bien ; la destinée des nations est de se défaire du Mal pour adorer, servir et glorifier le Bien, Dieu, Dieu révélé, Un en Trois Personnes, et son Christ manifesté, Notre-Seigneur Jésus-Christ.

6° La vie de l'humanité tout entière est divisée, dans l'ordre du Mal, en deux grands temps généraux : celui du Polythéisme païen et celui de la Révolution ; le premier précédé, le second suivi et terminé par un autre grand temps accessoire, qui aboutiront tous deux à la ruine complète de l'empire du Mal : le premier, par le Déluge universel ; le second, par le second avènement du Christ, le Jugement dernier, et l'embrasement universel de la Terre.

7° L'empire de Dieu sur la Terre, momentanément méconnu par le Péché et livré aux efforts du prince du Mal, a progressé depuis le commencement du monde et progresse sans cesse par l'extension continue et successivement progressive de ses institutions, de sa révélation, de son culte, de sa glorification, de ses conquêtes, de son royaume et de sa royauté jusqu'aux extrémités de la Terre. Il passe successivement entre les mains des peuples, des nations, des Etats et des gouvernements, suivant l'ordre de la vocation de Dieu.

8° Dans l'ordre politique, Dieu s'est choisi, dans chacun des deux grands temps généraux de l'histoire du monde, des peuples spéciaux, plus particulièrement chargés de son Culte, de la prédication de sa Vérité, de la défense de ses Droits, de sa Loi, de sa Politique et de sa Souveraineté : le peuple Juif, dans l'Orient asiatique ; le peuple Européen-Chrétien et Japhétique au Nord, et dans l'Occident de l'ancien monde connu.

9° Chacun de ces peuples élus, divisé en douze tribus, nations, ou corps et confédérations de nations, a son histoire spéciale qui se reproduit dans ses traits essentiels et généraux, dans chacun des deux grands et principaux temps du monde, du Déluge et de la vocation d'Abraham à N.-S. Jésus-Christ, de N.-S. Jésus-Christ jusqu'à la fin momentanée prochaine de la Révolution française et universelle.

10° Chacun d'eux, arrivé collectivement à son apogée de puissance, de Foi, de Religion, de fidèle service de Dieu et de gloire, s'est vu divisé en deux royaumes particuliers : l'un, Juda, avec deux tribus ou corps de nations, et la tribu de Lévi ou le sacerdoce, demeuré plus fidèle au Seigneur ; l'autre, Israël, composé des dix autres tribus, tombé bientôt dans le schisme et l'hérésie, et détruit avant le premier, jusqu'à un nouveau temps de formation nouvelle des deux peuples en un, pendant cinq cents ans, dans une unité particulière, sous une forme de gouvernement différente, sous un régime de luttes continuelles contre des ennemis divers de son culte, de sa foi et de son existence politique, mais avec une fidélité, extérieure au moins, plus grande envers Dieu, moins d'intelligence néanmoins de l'esprit de la Loi divine et de ses ineffables promesses.

Le temps d'apogée et de gloire du premier peuple Juif a été celui de David et de Salomon ; celui du second, l'époque de Charlemagne, des saint Louis, des saint Henri, des saint Edouard le confesseur, des saint Ferdinand, des sainte Elisabeth de Hongrie ; celui de la division chez les nouveaux peuples chrétiens de l'Europe, a été celui du déchirement de l'empire Carlovingien-franc après le Débonnaire et de la formation des nouvelles nations européennes. Celui des schismes et hérésies, est celui qui a commencé au schisme grec pour aboutir au protestantisme luthérien et calviniste, laissant à Juda la France, l'Espagne et l'Italie dans l'Occident, la Bavière et l'Autriche en Germanie, la Pologne et la Hongrie sur les frontières de l'orient. Celui de la captivité de Babylone, de l'abomination et de la désolation dans le lieu saint, et la cessation momentanée du sacrifice, a commencé avec le partage de la Pologne en Orient, avec la Révolution française en Occident, avec l'Empire français, ce triomphe de la révolution en 1800, pour commencer à finir, avec ce même empire, en 1870, sous les deux Nabots ou Nabuchodonosors qui se sont appelés Napoléons. — Les derniers cinq cents ans prédits par Daniel jusqu'à la naissance du Christ, depuis l'édit d'Artaxercès et la reconstruction de Jérusalem et du second temple, doivent être ceux qui vont s'écouler entre 1800 et les 2300 ans de notre ère, indiqués par le même Daniel comme devant être un temps de rétablissement du culte et du sacrifice, un temps préparatoire au nouvel avènement du Christ.

11° Chacun de ces peuples élus de Dieu a non-seulement son histoire propre, reproduite à grands traits dans chacun des deux temps principaux sus-indiqués, mais encore sa géographie divine propre, écrite dans le livre des Nombres,

— géographie qui assigne à l'Europe, d'une part, à la France, Espagne et l'Italie ou Juda, les mêmes limites géographiques qu'à l'ancienne Terre-Sainte de Chanaan, les seules mers intérieures existantes, la mer Caspienne, les lacs de Constance et de Genève, l'Adriatique, la Méditerranée, à l'est, avec les fleuves sacrés du Volga, du Rhin et du Rhône, la Grande Mer à l'ouest, Cadès ou Cadix au sud, les monts Liban, Ourals, Forêt-Noire, Alpes et Pyrénées au nord ; — et cette géographie, qui est, en même temps, politique et administrative, assigne à chaque tribu ou demi tribu, nation ou corps de nation, un cantonnement et un territoire particulier et distinct fixé par des limites déterminées, spécifiées, naturelles, historiques ou légitimement transmises à la suite de la conquête première — et toute atteinte portée à ce territoire, à ces limites, à ces droits primitivemet assignés, inaliénables et imprescriptibles, constitue une violation flagrante de la Justice universelle, un manquement formel à la volonté et prédestination première de Dieu, alors même que les peuples dépouillés momentanément ont mérité et se sont attiré des pertes de territoires par leurs propres manques et infidélités.

12° Les nations, tout comme les hommes, sont soumises à l'observance, à l'acceptation, au maintien et à la mise en pratique des Lois et Commandements du Décaloge Judaïco-Chrétien, tant pour leur conduite intérieure, que dans l'ordre de leurs rapports les unes avec les autres ; comme les hommes, elles sont tenues, sous peine de déchéance et de mort, de l'acceptation de la souveraineté de Dieu, de la soumission à l'Eglise et à ses Lois, de l'inscription du Nom et de l'autorité de Dieu en tête de leurs constitutions et de leurs Lois, de la recherche et pratique de la Justice morale aussi parfaite que possible tant par les gouvernants que par les gouvernés : — A chacune d'elles, il est écrit comme aux individus : « Tu adoreras et aimeras le Seigneur ton Dieu et ne serviras que lui seul, — Tu ne te souilleras pas dans les vices immondes, — Tu feras respecter l'autorité paternelle et le jour et le culte du Seigneur, — Tu ne déroberas point.

Ce sont ces principes, ces notions essentielles, que l'on

se propose d'exposer et de développer, en en déduisant les conséquences plus particulièrement applicables à la situation actuelle.

EXPOSÉ

II

Le premier de ces principes, qui domine la matière, c'est celui de la reconnaissance nécessaire de la souveraineté de Dieu sur les nations comme sur les individus, de l'admission de Son Immixtion prépondérante dans les affaires humaines, et de la nécessité pour tout chef de gouvernement, comme pour tout individu, de rechercher dans la voie de la Justice, et dans les termes et conditions de la Révélation que Dieu a faite de Lui-même et de ses vues et desseins, quelle est à toute instant, en face de tout acte projeté, de toute décision à prendre, la Volonté présumée et suprême de ce Dieu Tout Puissant, souverain maitre des hommes et des choses, et comment les nations, instruments de puissance sur la terre, doivent gérer leur vie et leur propre conduite quotidienne, pour se conformer à tout moment à cette volonté immuable et infaillible de Dieu, en procurer la Justice, la reconnaissance et le culte, en glorifier le Nom, la volonté et la Loi.

L'on ne saurait nier, en effet, à moins de nier Dieu lui-même, que le fait de la Création par Lui, ne lui ait donné sur toutes les créatures sorties de Sa Volonté créatrice un droit universel et absolu d'en disposer à Sa guise, de les organiser comme il Lui convenait, de leur donner des Lois et d'en fixer absolument la nature, le but, les moyens d'actions, les conditions d'existence, la destinée, — un droit illimité de propriété, de domaine, de seigneurie, qui est précisément celui de la souveraineté à sa plus haute puissance et dans la suprême acception du mot.

Or, de ce droit incontestable pour Dieu, il résulte aussi dès lors que tout mouvement, que toute action de la créature, tout agissement humain en particulier, doivent lui être entièrement subordonnés, et à sa Volonté ; et que, s'il a donné à l'homme la liberté, ce n'est que pour en user en conformité avec cette volonté suprême infiniment sage et parfaite, pour le Bien, non pour le mal ; et que cette obligation de la conformité nécessaire et juste de la volonté humaine à la volonté et à la Loi de Dieu s'impose tout aussi bien aux nations, simples collections d'hommes en société, qu'à l'homme individuellement pris et directement sujet de Dieu dans toutes les conditions possibles de sa vie.

La seconde notion fondamentale, suite de ce premier axiome de droit, c'est que Dieu est l'auteur des peuples et des nations, de même que des individus ; que c'est de Lui, de Sa volonté et de Sa dispoisition, de Ses institutions premières imposées à l'homme, permises, données ou inspirées que sont sorties successivement toutes les sociétés humaines, la famille, la race, la tribu, le peuple, la nation, les empires ; — et qu'Il est à la fois et le principe premier de toute souveraineté et autorité légitime, et le Créateur du Droit d'autorité et de toute autorité légitime, à ce point qu'il ne peut exister sur la terre aucune autorité ou souveraineté légitime que celle qu'Il approuve, désigne ou délègue, par Lui-même ou par les ministres connus et désignés de Ses volontés, et que les gouvernements et souverainetés de fait eux-mêmes n'ont une apparence ou que une particule d'autorité, de légitimité, ou de puissance parce qu'Il la permet, supporte leur existence par respect pour la liberté humaine et pour l'accomplissement caché de ses vues et desseins secrets, impénétrables ou révélés.

C'est de Dieu qu'est sorti le mariage, cette première société humaine, et la puissance maritale, cette puissance cette autorité première et primordiale, précédant toute autre autorité ; c'est de Lui, et tirée des profondeurs de sa propre nature divine, que sort la puissance paternelle, ce Droit sacré si fortement protégé par les commandements de son Décalogue et les arrêts effroyables de Sa Justice cette autorité fondamentale, ne faisant qu'un avec celle du mari, qui est la base de l'existence et du gouvernement de la famille, base première elle-même et modèle de la création et du fondement de toutes les sociétés humaines et politiques.

C'est de Lui qu'est sortie, par la bouche de Noé, la prédestination, sans cesse justifiée jusqu'à nos jours, des trois grandes races humaines, la race sémitique ou asiatique, appelée à être, dans le peuple hébreu, la semence, la race et la souche de l'Elu, du Christ, du Messie, de Dieu manifesté sur la terre, du Sauveur, de N. S. Jésus-Christ : la race Japhétique européenne, ce porte oui (I a plier ou fer) de l'affirmation universelle et catholique de Dieu et de son Evangile dans le monde tout entier, prédestinée, malgré son infériorité numérique, à conquérir, posséder et dominer la terre, à conquérir et habiter les Iles, — la race de Cham, des peuples-chameaux, africaine ou noire vouée, par le mépris de son chef pour la Loi divine du respect paternel, à l'esclavage sous toutes les formes, aux empires despotiques et à l'absolutisme sous Nemrod et sous les grands empires assyriens, babyloniens, asiatiques et égyptiens, — à l'abrutissement de la race humaine sous la loi de l'idolatrie et du péché, à l'asservissement païen et presque universel de la femme en Orient, en Afrique et chez tous les peuples ou hommes ennemis de Dieu ; — à l'adoration servile et abjecte de tout ce qui n'est pas Dieu, hors de Dieu lui-même, chez les Egyptiens et les peuples païens ; — à celle du serpent, du singe et des fétiches chez les nègres ; — à l'esclavage sous le joug des commandeurs et à la traite encore subsistants malgré les efforts des vrais chrétiens et des gouvernements européens, pour en faire cesser et disparaître les pratiques contre nature.

C'est à Lui, à Dieu, qu'il faut faire remonter la première division générale, figurative et prophétique des hommes en enfants de Dieu ou de lumière, et en enfants des hommes ou du péché, après le crime de Caïn et le premier homicide inspiré par Satan, principe fratricide des premières guerres humaines.

C'est de lui que vient la distinction des familles et des races sorties des familles, en peuples séparés par la confusion et la diversité des langues

C'est sa justice qui dicte et inspire, qui a dicté et inspiré les conditions légitimes de la formation des nations tirées de la famille, de la race et de la tribu par l'adjonction contactuelle et libre aux descendants et parents du patriarche chef de race, de leurs serviteurs liés à eux par le contrat libre du louage de service donnant droit à l'entrée dans la famille et à l'hérédité à défaut de descendants, comme il l'a fait voir dans la formation du peuple Hébreu, et des peuples libres et prédestinés de la race germaine, européenne et japhétique, en opposition avec les procédés violents et sanguinaires de la race de Cham et des hommes, ses ennemis, qui n'ont su former les nations et les empires que par la construction des villes, les conquêtes et la guerre, la fusion forcée et violente des peuples et des familles de peuples en nations dans des territoires déterminés, sous des chefs absolus, témoin Nemrod, Assur, Ninus, les Pharaons, Cadmus, Romulus, et autres que l'histoire cite par milliers.

HISTOIRE HUMAINE

III

Une troisième donnée-principe tout aussi essentielle, c'est la notion précise du rôle que l'humanité, les nations et les hommes ont à jouer sur cette terre pour le service de Dieu, et cet accomplissement nécessaire de sa volonté et de sa justice. Et ici il faut remonter aux origines mêmes des êtres, des choses et de l'histoire, aux conditions premières des rapports des êtres libres avec Dieu, aux faits premiers et primordiaux de la politique et de l'existence des êtres dans le monde.

Or, il ressort incontestablement des Livres saints, et, pour tout homme de bonne foi qui réfléchit, de l'expérience, que si Dieu, comme il est logiquement nécessaire, a tout créé dans un ordre parfait de beauté, d'harmonie, d'ordre, de symétrie, de justice et de paix, cet ordre premier, admirable et d'une indicible beauté, a été troublé par le Mal, adversaire et ennemi de Dieu, son antagoniste en tous points, par la négation de Dieu, l'insoumission à Dieu, la révolte contre Dieu, la guerre contre Dieu, le péché, et que c'est, comme le dit l'Ecriture :

« *Par le péché que le mal, la douleur et la mort sont entrés dans le monde,* »

Mais aussi le mensonge, l'erreur, l'ignorance, les passions, les crimes, les haines, les ambitions, les avidités, la guerre sous toutes les formes possibles.

La même histoire divine nous apprend que Dieu, ayant créé raisonnables et libres, c'est-à-dire capables de Le connaître, de L'aimer et de s'attacher à Lui seul, les anges et .es hommes, a dû soumettre à une épreuve nécessaire cette raison, cet amour, cette liberté qu'Il leur avait départis, cette liberté qui n'eût point existé sans l'épreuve, puisqu'elle n'est que le choix volontaire entre Dieu et ce qui n'est pas Dieu, sa Loi ou la désobéissance à sa Loi, et que l'épreuve n'a pas heureusement abouti : d'où le péché, d'où le mal.

Lucifer et le tiers des anges inférieurs, mis en demeure d'adorer le Christ, le Verbe de Dieu fait homme, et d'honorer comme leur Reine la Vierge, mère du Christ, Fille, Epouse et Mère de Dieu, à eux manifestés dans une vision anticipée, sublime, ont refusé, dans leur orgueil insensé, de se soumettre et abaisser devant l'ordre et la volonté de Dieu ; ils se sont dressés et élevés contre Lui, leur Créateur et souverain Maître Tout-Puissant. Et Dieu n'a pas même daigné se lever contre eux ! Il a laissé à ses anges fidèles, à ceux qui avaient cru, aimé, obéi, adoré soumis, le soin de défendre sa Gloire, sa Puissance et son Règne universel. La première guerre, principe de toutes les guerres contre toutes les révoltes et révolutions ennemies de Dieu, a surgi dans le Ciel, et Satan et ses anges, honteusement expulsés des régions célestes du monde spirituel et de la présence universelle de Dieu, ont été liés à la Bête pour souffrir physiquement dans leur orgueil et dans un corps, précipités dans les enfers et les souffrances éternelles, dégradés de tous leurs attributs spirituels et célestes, moins la substance spirituelle de leur être immortel, et condamnés à toujours à la haine et séparation désespérée de Dieu, de tout Beau et de tout Bien.

Mais selon les coutumes révélées de ses voies simples et dignes de Lui, Dieu ne les a pas dispensés pour autant de leur Service envers Lui ; leur permettant de continuer sur la terre, pour le temps prédestiné de la durée du globe actuel, la lutte qu'ils ont osé commencer contre Lui dans

le Ciel, Il en a fait les instruments autorisés de la tenta-
tion et de l'épreuve de la liberté et de la fidélité humaines,
tant dans cette épreuve première à laquelle furent soumis
seuls la première femme et le premier homme, et qui a
abouti au péché originel, que dans cette épreuve continuée
et collective de l'humanité et de l'amour de chaque homme
en particulier pendant les sept mille ans de la durée pro-
bable de la terre et des cieux actuels sous la Loi du péché,
des satisfactions et de la Justice de Dieu.

C'est cette lutte du prince du Mal contre Dieu, qui fait
le fond unique de l'histoire de l'humanité et de la vie des
hommes et des nations... Ce sont ses épisodes divers, les
triomphes, les conquêtes et les progrès incessants du
Bien contre le Mal, ses victoires répétées sur Satan, ses
entreprises et ses puissances tant dans l'ordre religieux
que dans l'ordre politique, intellectuel, moral, scientifique
et pratique de la vie humaine, chaque fois que le démon
croit être à la veille d'un succès que tout annonce, qui
composent seuls cette histoire et celle des nations et des
empires, qui en fournissent seuls les données d'interpré-
tation intelligente et saine, qui en révélent seuls les rapports secrets avec Dieu et ses ineffables et suprèmes
desseins.

C'est ainsi que l'empire du Mal et du démon, étant né
du péché pour envahir la terre et asservir l'homme séduit
et détaché de Dieu, Dieu permit qu'il s'étendit sur l'univer-
salité de cette terre maudite par Lui, séduisant même les
enfants de Dieu par leur alliance avec les filles des enfants
des hommes après le crime de Caïn,—substituant l'idolatrie
et les péchés immondes et sans nom, à Dieu, à son souvenir, à son culte et à sa Loi,— ne laissant plus à Dieu qu'un
seul homme et sa famille, Noé, pour en célébrer le culte,
en maintenir la Justice, en glorifier le nom et les mer-
veilles, — image fidèle des temps derniers de la vie de
l'humanité sur la terre.

Satan régnait en maitre : mais d'un seul signe, Dieu
balaya et anéantit son empire, et les flots du Déluge universel, justes intruments de la Justice et Toute-Puissance
de Dieu, vinrent faire disparaître en une heure tous les
adorateurs de l'Enfer et du Mal, purger la terre des

crimes qui en faisaient la honte, rétablir le service et le culte du vrai Dieu sur l'autel édifié par Noé à la lueur de l'arc de l'alliance, et faire rendre à la terre et aux enfants d'Adam les bénédictions et le renouvellement des promesses éternelles dont le péché les avait déshérités et privés.

Le royaume de Dieu ainsi rétabli sur notre globe, le Seigneur permet à nouveau au Mal et à ses adeptes de tenter contre Lui et contre l'homme, refait dans l'alliance, d'autres efforts pour reconquérir la terre et subjuguer l'âme humaine : A nouveau aussi ces efforts aboutissent : Le péché de Cham, ce troisième grand crime humain, la négation nouvelle de l'autorité et de la Loi de Dieu dans la violation du respect paternel, — ce péché suivi de Babel et de l'édification, par Satan et par l'orgueil humaine de la grande cité ennemie de Dieu, qui deviendra Babylone, la ville maudite, le type des villes maudites et acharnées contre Dieu, dans tous les temps et sous toutes les latitudes, — la confusion des langues et la séparation des tribus patriarcales sorties de la famille et de la race de Noé, en 69 premiers peuples ennemis et adversaires de Dieu, la fondation des premiers empires despotiques, absolutistes et impies par la conquête, l'esclavage et la guerre, la formation et l'extension universelle du polythéisme païen, cette adoration officielle publique et générale des démons cachés sous le nom, les statues et les types luxurieux des faux dieux, en sont les témoignages nouveaux, les institutions et les créatures essayés dans l'ordre religieux, moral et politique.

Dieu y répond par la formation d'un peuple qu'il se choisit, le 70e peuple, tiré de la famille, de la tribu, de la génération de père en fils, de l'adjonction contractuelle et libre des serviteurs libres au père de famille chef de race, de tribu et de peuple, avec participation à l'hérédité dans la famille et au droit national des membres de ce peuple-famille, — le premier peuple élu, le peuple sorti des flancs et de la race d'Abraham, le peuple hébreu, le peuple juif, Israël, le grand Israël, dont Jérusalem sera la Ville Sainte, Sion, la Montagne Sainte, le Temple, le sanctuaire trois fois saint et unique, — le type de la cité de Dieu élevée au

Ciel pour en redescendre sur la terre au jour du dernier triomphe définitif du Christ, la collection une et unique des fidèles et serviteurs de Dieu.

Et ce peuple progresse contre les ennemis de Dieu, les abat et les soumet. Et il ruine les Chananéens, les Egyptiens, les Syriens et les faux dieux. Et seul adorateur du vrai Dieu, du Dieu Un, Seigneur et Maître unique de toutes choses, il répand dans l'univers entier, à travers ses triomphes, ses défaites, ses infidélités, ses apostasies, ses mises en servitude, ses démembrements et ses propres affaissements, le dogme suprême et premier du mono-théisme, vainqueur des démons et des dieux immondes de l'olympe païen, et prépare les voies à l'avènement de ce christianisme qui achèvera la défaite de l'enfer et complètera la révélation de Dieu, de sa nature, de son essence, de ses attributs, de son culte plus parfait, de son histoire, de ses desseins et de ses vues. — Et l'histoire du peuple juif, histoire réelle, effective, passée, redeviendra en même temps l'histoire prophétique et future du second et nouveau peuple de Dieu, le peuple chrétien, le peuple européen chrétien, divisé à son tour, comme l'ancien, en douze tribus, nations ou corps de nations similaires, et en deux royaumes : l'un de Juda, plus fidèle ; l'autre d'Israël, hérétique et schismatique après la séparation, tous deux cantonnés dans une nouvelle Terre-Sainte, l'Europe, aux mêmes limites géographiques que l'ancienne, suivant des répartitions de territoires similaires prévues, ordonnées, arrêtées, indiquées, décrites dans les livres des ordonnances du peuple juif, qui forment la première partie législative, internationale et politique des écrits sacrés de l'ancien Testament, — l'histoire actuelle et présente, pour partie, de notre continent et de notre temps.

Mais Israël a été frappé, abaissé, humilié, vaincu, dispersé, traîné en captivité par les Assyriens, instruments des justices de Dieu. Jérusalem a été détruite une première fois, le premier temple ruiné, la nation asservie, et le paganisme. le polythéisme, les péchés capitaux, les démons et les vices joints à la plus effroyable corruption et au plus effrayant absolutisme monarchique en Asie, envahissent et couvrent de plus en plus la surface de la terre, pour faire disparaître jusqu'au nom et au souvenir du vrai Dieu.

C'est le moment que Sa main toute-puissante choisit pour sa victoire et son triomphe, faire crouler les empires, triompher sa doctrine, son unité et son culte, anéantir ses ennemis.

A sa voix les Mèdes et les Perses accourent du fond de l'Orient, Babylone et Ninive tombent dans la poussière des siècles et des tombeaux; leurs rois défaits, renversés, balayés en une heure avec toute leur puissance disparaissent pour jamais dans l'oubli; Jérusalem vengée sort à nouveau de ses ruines, le second Temple s'élève, le culte du Dieu Un, du Seigneur des Seigneurs, du Dieu d'Abraham, d'Isaac et de Jacob, effroyable en ses jugements, se répand dans tout l'Orient, et les cinq cents derniers ans de l'existence des Juifs, comme corps de nation constitué en démocratie fidèle sous le gouvernement de ses grands prêtres et de ses princes, s'ouvrent par l'hommage des nations et des rois à ce grand Dieu, maître, destructeur et réédificateur des empires, instruments humbles de ses volontés et de ses éternelles décisions.

C'est en ce même temps que Dieu prépare, avec l'avènement de son Christ, de son Messie, de N.-S. Jésus-Christ, l'avènement à l'empire du monde, dans des conditions nouvelles de vie, de civilisation, de génie et de liberté, de ces nations européennes japhétiques, prédestinées de toute éternité à former son second peuple, le peuple chrétien, les deux ailes du grand aigle destiné à défendre et soutenir la Femme, l'humanité, l'Eglise, la cité de Dieu, dans l'ordre des puissances et de la politique (Apoc. Chap. XII, V, 14), les douze tribus du nouvel Israël, — les Grecs et les Romains, les Germains et les Scandinaves, les Francs et les Normands-Saxons, les Français Gallo-Romains-Neustriens, et les Francs Espagnols-Autrichiens, Austrasiens, Gallo-Bavarois, Souabes-Saxons et Allemands, l'Occident-Latin-Germain Romain et Franc de l'Europe, l'Orient Grec-Romain-Latin et Sarmate, l'Europe et l'Amérique japhétiques et chrétiennes.

Les absolutismes tombent : les premiers germes de liberté démocratique et constitutionnelle, saine, réglé, gérée et limitée par les lois prennent naissance et se développent sur le sol sacré et fécond de la Grèce, puis de Rome ; les tyrannies et les despotismes disparaissent devant le sentiment d'un droit égalitaire nouveau, confirmatif de l'origine commune et de la fraternité des hommes : — La liberté née à Athènes, à Sparte, à Thèbes enfante des prodiges, et les efforts innombrables de l'Asie, de ses tyrans et de ses multitudes esclaves viennent échouer devant une poignée d'hommes libres transformés en héros invincibles par l'amour de la Patrie. — Les Perses et leur toute-puissance immense tombent aux Thermopyles, à Marathon, à Salamine : bientôt la puissance grecque grandit, s'unifie, s'élance hors de ses limites jusqu'en Asie, en Syrie, en Afrique, pendant que ses colonies vont au loin peupler et visiter le monde, et l'empire des Cyrus, des Assuérus et des Xerxés croule un beau jour jusqu'aux pieds d'Alexandre et de ses capitaines, empressés à s'en faire des royaumes nouveaux pour accomplir les nouveaux projets et éternels desseins de Dieu qui les avait annoncés prédits et conduits.

C'est de ce contact du monde asiatique avec le monde grec que naît la fameuse traduction des Livres Saints, dite la Version des Septante, et que s'ouvre, pour le monothéisme le champ de nouvelles et plus vastes conquêtes.

D'un autre côté, et dans l'Occident de l'Europe, Rome préludant à ses éternelles destinées de capitale du monde connu, rompt à son tour avec les traditions monarchiques des peuples ses voisins, et fonde cette fameuse constitution démocratico-aristocratique, modèle des gouvernements légaux parfaits, qui lui assure, avec son génie, par la main et la vocation de Dieu, cette domination du monde européen connu nécessaire à la naissance, propagation et divulgation du Christianisme triomphant.

L'heure de la grande victoire de Dieu sur le Mal et l'enfer est venue : — La corruption est à son comble : les mœurs publiques et privées croulent sous l'affaissement du luxe, des richesses, de la civilisation la plus raffinée, des vices les plus abjects et les plus dégradants ; le despotisme sans contrôle des Césars a remplacé les institutions libres et le gouvernement pondéré du Sénat et du Peuple Romain maître du monde ; l'esclavage est partout, la tyrannie partout, le vice et la débauche partout : les antiques vertus ont disparu, et les dieux démons muets ne rendent plus d'oracles. Le Christ paraît, prêche, baptise et meurt sur la croix par la main même de son peuple, devenu, lui aussi, son dernier ennemi ; la mort, l'enfer, le polythéisme, les faux dieux sont vaincus : le paganisme disparaît peu à peu des habitudes de la société antique régénérée, de ses croyances et de ses lois : puis, la croix monte sur le trône avec Constantin et l'empire chrétien grec latin romain est fondé, et couvre de ses institutions nouvelles et des œuvres et monuments de la Foi tout le monde connu des anciens.

SA DEUXIÈME PHASE.

IV

C'est à ce moment que s'ouvre la seconde phase de l'histoire universelle de l'humanité, figurée par l'échelle de Jacob et par le V renversé(Λ) du verbe, cette image si vraie de la vie humaine, chez l'individu comme pour la race humaine tout entière, où l'enfance monte jusqu'à l'adolescence, puis à l'âge viril, avec le Christ au sommet, pour redescendre jusqu'à l'âge mûr, à la vieillesse et à la tombe, chez les nations comme chez les particuliers, chez les individus comme dans le genre humain tout entier.

Dans le premier temps général de cette histoire, figuré dans le texte du grand Prophète saint Jean, par une première Bête de Satan, (Apse. Chap. XIII, V. I), cette Bête n'est autre que le Polythéisme païen orné des sept péchés capitaux et soutenu par dix nations et empires successifs, les dix cornes et les dix diadèmes de cette Bête effroyable et sanguinaire.

Le second temps de l'histoire générale de l'humanité, qui s'étend depuis Notre Seigneur Jésus-Christ jusque vers les temps finaux précédant son second avènement, dans le temps correspondant à celui qui s'est écoulé entre le déluge et son premier avènement, est également représenté, dans le Livre du grand Prophète, par une seconde Bête de Satan, ayant deux cornes comme l'agneau, c'est-à-dire soutenue et défendue dans l'ordre politique, comme l'Eglise, par deux puissances terrestres, nations et gouvernements : le nombre en est 666, c'est-à-dire l'indication de trois temps spéciaux de règne et d'action de cette Bête au nombre 6, le VI⁰ siècle et l'arianisme ; — 623, l'hégire de Mahomet et la naissance prédominante du Mahométisme ; — le XII⁰ siècle et les années 1200, le schisme grec et le temps de la Renaissance païenne, léguée au Christianisme avec les beaux-arts, les lettres et la civilisation de l'antiquité païenne ; — le XV⁰ siècle et les années 1500, au nombre VI, l'hérésie de Luther et de Calvin, ces deux monstres de mensonge et de persécutions nouvelles, aboutissant au temps de l'apogée et de la fin de cette seconde Bête, le XVIII⁰ siècle, les années 1800 et suivantes, le temps de la Révolution française et de la Révolution universelle, née du protestantisme, ressuscitant le paganisme, le philosophisme, le césarisme, l'absolutisme, la démagogie et le sensualisme. Car le nom de cette seconde Bête, le type de ce second temps est révolte, séparation d'avec Dieu, Révolution.

Aussi se signale-t-il uniquement, non plus par la méconnaissance de Dieu, comme celui du Polythéisme païen antérieur, mais par l'attaque contre Dieu, la négation de Dieu, la révolte contre Dieu, l'hérésie, par le mahométisme, ennemi politique et militaire du Christ, qui conquiert la terre pour détruire l'Eglise et en menacer les fidèles ou en faire des renégats au profit de la Luxure, de la Polygamie, de la Chair et du fatalisme, par les trois grandes hérésies chrétiennes (arianisme, schisme grec, protestantisme) figurées par les trois renonciations de saint Pierre entre les deux chants du coq, le bardit druidique gaulois et la Marseillaise de la Révolution, — puis, par la Révolution elle-même, ce Paganisme nouveau, cet ennemi de Dieu, qui ne porte plus de masque et qui prêche et pratique l'athéisme de fait à peine déguisé sous le nom de Raison ou d'Etre suprême, à ses débuts, affiché aujourd'hui nettement sous le nom de matérialisme et de science indépendante, d'indépendance absolue de l'homme né du singe, et de la matière éternelle.

Quels sont les faits principaux de cette histoire jusqu'à nos jours ? Quel rôle y ont joué les nations ? Comment ont-elles été appelées à servir les desseins de Dieu, et comment le sont-elles encore aujourd'hui ? Quelles sont les causes de l'état pitoyable de l'Europe chrétienne actuelle ? Comment remédier à cet état ?

DE SES FAITS PRINCIPAUX.

V

Tout d'abord, après la victoire céleste et spirituelle du Christ sur l'enfer et Satan, il fallait en assurer les résultats et faire entrer dans le domaine des choses humaines, terrestres, réelles ou matérielles et politiques, les conséquences pratiques législatives, gouvernementales, morales, sociales et individuelles de ce grand et universel triomphe du Bien, de la Vérité et de Dieu sur le Mal et sur l'erreur.

Il fallait conquérir au Christ et à l'Eglise tout d'abord l'empire romain et le monde ancien qui allaient disparaître, puis les Barbares et le monde nouveau destinés à succéder à ceux ci. Cette conquête se fait par les persécutions et le sang sans cesse répandu à flots des Martyrs, puis par la prédication incessante des apôtres, des disciples du Christ et de la pratique publique des vertus chrétiennes et de leur sublime héroïsme.

La Croix monte au trône avec Constantin : L'empire Romain se partage en ces Empires d'Orient et d'Occident destinés à être, sous la figure et l'étendart des deux ailes de la grande aigle romaine, les deux ailes de l'aigle appelé à défendre l'Eglise, les deux cornes ou Puissances terrestres et politiques au service de l'agneau, l'Eglise reçoit, dans une alliance intime avec l'Etat, la consécration de la puissante et immortelle constitution monarchico-démocratique et aristocratique que lui a imposée son fondateur ; — Le Décalogue et ses principes religieux, moraux et juridiques deviennent la base de la nouvelle législation chrétienne entée sur le droit romain, et l'expression la plus parfaite que possible du Droit naturel appliqué et mis en œuvre ; la hiérarchie catholique devient en même temps le modèle et le point de départ de l'organisation administrative du nouvel Empire chrétien et des Royaumes barbares qui lui succéderont bientôt ; et Rome, décapitalisée comme siège de l'Empire terrestre du monde, devient, au lendemain de la mort du Christ la capitale éternelle et universelle de la Papauté de Pierre et du monde universel chrétien.

Mais à peine ce plan est il réalisé, que la lutte incessante de l'ennemi contre Dieu, Son Eglise et Ses Institutions, recommence de plus belle : — L'arianisme, cette première révolte générale, religieuse et politique, contre le christianisme vainqueur du paganisme et triomphant, vient ajouter ses forfaits et ses crimes nouveaux aux crimes anciens des persécutions païennes et juives accumulés sur Rome.

Déjà Jérusalem déicide, devenue Babylone aux mains des Pharisiens, ces porte noms maudits du Pharès de Balthazar, transmis, ce semble, aux Parisiens modernes, a disparu, avec le second temple, sous les maux amoncelés et les flammes dévorantes prédites des fléaux, de la colère et des justices de Dieu : — Il n'en est pas resté pierre sur pierre, et aucun effort humain ne parviendra plus à la retirer de ses ruines contre le jugement et la volonté définitive de Dieu. — Son nom seul et les traces du martyre et de la Passion du Fils de Dieu resteront aux mains des Chrétiens, pour en rappeler la mémoire et celle des destinées de cette cité de Dieu, de cette Jérusalem céleste qu'ils sont appelés à conquérir, posséder et défendre, témoignage vivant de leurs ingratitudes et de leur trop fidèle ressemblance avec l'ancien peuple juif, dont ils n'ont pas même su conserver et reprendre la capitale laissée, jusqu'au nouveau triomphe prochain de Dieu, aux mains des mécréants mahométans et turcs.

Mais la mesure est comble : Le tour de Rome païenne est arrivé, comme viendra celui de Byzance arienne et schismatique : — Pour quelle devienne la capitale libre du Monde Chrétien et du Royaume visible et personnel de Dieu sur la terre, il faut qu'elle soit jurifiée pour un temps, de ses horreurs et de son vieux levain païen, dépouillée de ses richesses et de sa puissance terrestre, dépossédée de l'empire matériel du monde, épurée au feu des expiations et des satisfactions à la Justice divine.

Babylone à son tour, le flot des Barbares germains et scandinaves est déchaîné contre elle pour lui reprendre l'empire et en recevoir le Christianisme, les Institutions, le Droit et les Lois, pour en porter les emblèmes, cette aigle romaine remise à Clovis et Charlemagne en Occident, puis à l'Empire franc-français catholique et à l'Empire franc-austrasien d'Autriche, à laquelle l'enfer jaloux et Satan, ce singe de Dieu, ne tarderont pas à opposer, pour une heure, l'aigle schismatique de la Russie, martyrisant la Pologne, et le vautour à deux têtes de la Prusse hérétique, nouvelle persécutrice de l'Eglise, nouveau protecteur de la Révolution protestante et de la franc-maçonnerie païenne et athée.

Puis, Rome tombée, ces Barbares sont appelés chacun par leur nom et à leur, tour disparus ou maintenus, classés, assis et délimités dans des territoires choisis et prédestinés, pour refaire le nouvel Israël chrétien, dans la nouvelle Terre Sainte de l'Europe conquise par le Christ, le nouveau peuple de Dieu, le nouveau peuple Juif, dont l'histoire sera, pour une période égale à l'ancienne, l'histoire à grands traits des anciens hébreux, de leur conduite, de leur sagesse, de leur ministère au service de Dieu, de leurs infidélités, de leurs schismes, hérésies et idolâtries, de leur captivité et de leur déicide figurés et reproduits à nouveau, augmentée d'une histoire particulière révélée aux Prophètes et qui clora la série et la suite des temps humains.

Sortis de la Germanie, de ce pays du germe, Germinans, dont tous les peuples, comme Israël, seront frères et parents, Germani, — les premiers appelés, parcequ'ils seront les premiers catholiques, les premiers destinés à porter l'épée de Dieu dans le monde, ont été ces Francs, ces hommes libres par excellence, cantonnés dans la Gaule romaine et sur les deux rives du Rhin qui élèveront si haut la gloire et la puissance du nom chrétien et de l'Eglise et qui, aujourd'hui encore en portent le sacerdoce et l'évangile à toutes les extrémités du monde et chez toutes les nations.

De la **LIBERTÉ POLITIQUE PRÉEXISTANTE CHEZ LES PEUPLES EUROPÉENS.**

VI

Une première remarque à faire, c'est que les Barbares germains, les nouveaux convertis sont des hommes libres

libres dans leur vie intérieure et dans leurs mœurs réglées quoique sauvages, — libres et égaux dans leur constitution et leurs institutions politiques, — libres comme peuple et comme état, n'ayant jamais subi le joug d'un prince ou domaine étranger, ne s'étant pas formés, comme nations, par la conquête et les moyens iniques et injustes, mais, comme les Hébreux, par la famille, la race, la tribu, la confédération des tribus de la même langue, par l'alliance, l'adjonction des serviteurs, *domestici*, aux membres de la famille, *domus*.

C'est à des hommes libres, non à des esclaves du péché et de la race de Cham que Dieu veut conférer le privilége de son élection et de sa vocation à ce christianisme, ce principe divin de la vraie liberté, seul capable de la fonder et donner, qui seul l'a apportée au monde.

Et ces hommes libres recevront avec les institutions monarchiques tempérées et la législation de la Rome chrétienne, les traditions de liberté, d'égalité, de dignité, de vertus patriotiques et humaines et de discipline de la Grèce antique et de Rome républicaine, pauvre, héroïque et sage, — et devront tendre à parfaire sur la terre et à retracer constamment dans le monde le modèle et l'idéal de la liberté et de la constitution chrétiennes, dont le Christ les apôtres et l'Eglise primitive, soumis au gouvernement paternel de Saint Pierre et de la Papauté, nous ont laissé et nous transmettent encore tous les jours le parfait exemplaire, voire dans la pratique de ce communisme et de ce socialisme chrétiens des premiers temps qu'aucune époque, aucune institution, aucun homme, en dehors de l'Eglise, ne reproduira plus jamais, que la vie religieuse et monastique retrace encore tous les jours.

Du DROIT de LÉGITIMITÉ de la POSSESSION des Territoires nationaux en Europe.

VII

Une seconde remarque qui se place ici, c'est que, conquérants païens de par la volonté et permission de Dieu pour abattre et détruire l'empire de l'ancienne Rome des Césars, les nouveaux Barbares conservés et mis à sa place dans les pays qu'elle avait occupés avant eux, n'en ont cependant obtenu la possession légitime que par la cession et la reconnaissance de cette même Rome, leur transmettant les droits qu'elle avait tirés elle-même de la conquête, de la longue possession et de l'acquiescement tacite des habitants conquis et incorporés à Elle ; — Tant Dieu a voulu que la nouvelle occupation des Barbares appelés par Lui pour être plus particulièrement son peuple, son Porte-nom, son Porte-Croix et Drapeau, fut pure de toute injustice, conforme au Droit, légitimée par le titre héréditaire et par la transmission contractuelle et volontaire, sources premières encore aujourd'hui, de la légitimité de la possession de la plus notable partie des territoires européens par les nouvelles nations chrétiennes.

Du CLASSEMENT et de L'ÉTABLISSEMENT légitime des peuples barbares en Europe, après Rome et la Grèce.

VIII

C'est ainsi, qu'ayant conquis la Gaule sur les Romains, protégé et défendu sa conquête contre l'invasion des Alamands païens à Tolbiac, puis, défait l'arianisme dans le Midi de son nouveau royaume sur les Visigoths alors encore infesté de cette hérésie, Clovis a reçu l'investiture romain du nouveau territoire gaulois de la nation franque, en recevant de l'empereur Anastase, au lendemain de la bataille de Vouillé, les titres de patrice et de consul romaine, avec les insignes de cette dignité, et bientôt le nom d'Auguste : — D'où est venu le droit désormais indéniable, inaliénable et imprescriptible de la nation franque et de son successeur légitime en Gaule, la nation française, sur toute la Gaule, telle qu'elle était possédée et occupée par les Romains, droit qui donne encore aujourd'hui à la France, malgré toute convention contraire arrachée par la force, la limite des Alpes, des Pyrénées et du Rhin.

Les Goths, les Ostrogoths, les Visigoths, vainqueurs et possesseurs momentanés de Rome même, furent cantonnés à leur tour dans l'ancienne Espagne, et en reçurent avec la Foi catholique, la possession désormais sacrée, à laquelle il n'est plus permis à aucun peuple de porter désormais atteinte.

Les Burgundes, placés dans la Gaule à côté des Francs, en devinrent les alliés, et bientôt les fidèles, incorporés à jamais dans la même nation et en partageant désormais les destinées, les devoirs et les droits : Tout droit acquis à la Bourgogne, à un titre ou sous un nom quelconque, est désormais un droit franc, et par la suite un droit français.

Ce fut cette nation franque, la première catholique, qui devait être le premier Israël du nouveau peuple de Dieu, avant d'en redevenir le premier et nouveau Juda, et qui devait, la première, posséder légitimement l'empire de Rome dans tout l'Occident, en recevoir la succession de la main des empereurs romains, en porter à nouveau la couronne, en tenir à jamais le droit pour le transmettre aux peuples appelés eux-mêmes à lui succéder légitimement.

Sortie de la Germanie, son premier siége patrimonial, dans cette Franconie qui en a gardé le nom, ses Francs austrasiens ou orientaux, cantonnés à la fois sur le Rhin, la Moselle, la Meuse, l'Escaut, l'Elbe et le Mein, y conservèrent et bientôt y étendirent leur domaine héréditaire, et, quoiqu'installés en maîtres dans la Gaule, avec leurs capitales, lors de leurs premiers établissements, de leurs premières luttes avec leurs frères Neustriens, ne tardèrent pas à vaincre et subjuguer, pour les convertir au catholicisme, tous les autres Germains, leurs anciens confédérés et rivaux ; les Suèves ou Souabes déjà venus du Nord, dès avant Arioviste, et toujours repoussés de la Gaule, sauf deux de leurs tribus, les Triboques et les Médiomatriciens mêlés aux Gaulois et aux Romains dans la basse Alsace et le Palatinat avant la conquête franque ; les Thuringiens et les Bavarois ou Boïens gaulois ; — les Alamans ou Alemanni, ramassis de bannis et de fugitifs de toutes les tribus germaines, suivant la tradition, ou plutôt les débris des anciens Cimbres et Teutons, à leur tour repoussés de la Gaule depuis Marius, Tolbiac, et plus tard Bouvines ; — les Saxons, déjà conquérants de la Grande-Bretagne, à la suite des Angles, et des Celtes Bretons Gaulois ; — enfin,

le' Wendes, Venètes ou Vandales, ces fondateurs de Venise
du royaume d'Afrique de Gensério, et de notre Vendée
après le sac de Rome, qui, réunis plus tard aux Borussi
slaves sous la main et le gouvernement des chevaliers teutoniques, puis aux religionnaires français, renégats de la
Patrie après la révocation de l'Edit de Nantes, ont formé
ce qui est devenu, sur le fonds des biens d'Eglise soustraits,
et les dépouilles de la Suède, de l'Autriche, de la Saxe et
de la Pologne partagée, le royaume moderne de Prusse.

Montés sur le trône de France avec Pépin-le-Bref, ils reçurent avec Charlemagne la couronne impériale de cette
Rome et de cet Occident que Rome avait possédé souverainement, et que la voix du peuple romain, jointe à la confir-
mation des empereurs d'Orient par la bouche de l'impéra-
trice Irène, transmettait à la nation franque dans la voie de
la justice et du droit, et virent ce nouvel empire franco-ro-
main s'étendre des rives de l'Oder à celle de l'Ebre, de la
mer du Nord jusqu'au golfe de Tarente, sur cette Germanie,
cette Gaule, cette Italie, cette Espagne qui devaient former
le continent de la nouvelle Terre Sainte de Judée sous le
nouveau David, sur cette Gaule, cette Italie, cette Espagne
qui allaient former le nouveau Juda catholique après la
séparation d'avec lui des dix nouvelles tribus schismatiques, hérétiques et samaritaines du nouveau royaume d'Israël européen, — sur cette Italie, qui, par la donation de
Pépin et de Charlemagne, allait devenir et est devenue le
nouvel apanage du sacerdoce et de la tribu de Lévi, les
quarante six villes de refuge attribuées au souverain Pon-
tife et aux Prêtres de cette tribu par la parole de Dieu
inscrite au Lévitique et au Livre des Nombres pour le
nouveau partage de la Terre Sainte entre les douze tribus.

Mais Charlemagne-David avait régné ; le Temple était
commencé ; l'Europe tout entière allait devenir catholique,
jusqu'à ces confins de l'Afrique, de l'Asie, de l'Europe,
du Maroc, des Etats barbaresques, de l'Egypte, de la
Syrie, de l'Asie mineure et de la Turquie, où le démon, après avoir lancé contre l'Eglise le grand fleuve
des invasions asiatiques païennes et musulmanes, (Apoc.
Chap. XII, v. 15) allait, suivant la parole du Prophète,
s'arrêter sur le sable de la mer (Ibid. v. 18).

Cette merveille de la Grâce, Toute-Puissance et Bonté de Dieu s'accomplit; mais, de même qu'après Salomon, le royaume de David allait se déchirer, et dès après ce Louis dit le Débonnaire, dont le nom allait caractériser la plupart des rois de France, nouveaux rois de Juda, la division du royaume, occasion des hérésies et de guerres futures, se reproduisait et se réalisait avec les mêmes conséquences funestes.

Deux grands États nouveaux sortent de ce déchirement, la France et la Germanie : l'Espagne est alors Juda et Israël en captivité, à Babylone, entre les mains des Maures, — l'Italie, la terre du Sacerdoce, — la Lotharingie ou Lorraine, qui n'a pu fonder ni un empire, ni un royaume, ni une nation, n'est, pour une heure, que l'apanage de celui à qui appartient et qui transmettra seul légitimement l'empire, l'aigle, le titre, la couronne impériale catholique, aujourd'hui la maison d'Autriche, sans transmettre à des successeurs directs inexistants le droit territorial sur les provinces de la rive gauche du Rhin, domaine irrévocable et inaliénable de la France gallo-romaine de Clovis et des Austrasiens gaulois.

Puis, la domination franque en Germanie disparaît avec la race des anciens Francs et l'expulsion du trône des successeurs de Charlemagne.

La féodalité d'une part, les anciens peuples vaincus de l'autre, s'unissent pour se soustraire au joug et à la loi du vainqueur et réclamer leur indépendance : — Des rois germains, saxons, souabes, bavarois, teutons, succèdent d'abord aux fils et successeurs de Charlemagne déchus et chassés du trône : Tout vestige de Franc et de France disparaît de cette Germanie qui va devenir l'Allemagne, l'antagoniste de la France : La France seule garde le nom, la race, les droits gallo-romains, neustriens et austrasiens des peuples francs, et la mission première de défense de l'Église et de service de Dieu transmis à Clovis et à Charlemagne, — et la transmission légitime de la succession franque en Germanie est interrompue par la révolte féodale contre l'empereur Charles-le-Gros et par l'insurrection nationale des peuples sujets et tributaires contre la race franque maîtresse de l'empire, jusqu'à ce qu'un Helvète-Gaulois et la famille de Halsbourg, sortie de la branche collatérale du grand Empereur le duc Attic et la famille d'Eguisheim-Dabo, et entée plus tard sur la famille de Lorraine, remonté sur le trône impérial, en reprenne la couronne, la mission et le titre, usurpés sur les Francs, et le service des droits divins comme puissance catholique.

Pendant ce temps-là, les autres tribus celtiques, germaines et scandinaves du nouvel Israël, se forment et se cantonnent successivement à leur tour dans les territoires qui leur sont assignés.

Ce sont d'abord les Bretons Celtes et Gaulois, puis les Angles et Saxons germains, enfin les hommes de la tribu de Dan, cantonnés au nord, qui, sous le nom de Danois et Normands, Norwégiens et Suédois, prennent possession des royaumes du Nord de cette Europe (l'Angleterre et la Confédération scandinave), — placée elle-même au nord de l'ancien continent et de l'Afrique satanique des descendants de Cam et du démon du Midi, — dont le grand fleuve s'appelle le Danube et le prophète Daniel ; — Ce sont eux aussi qui, après avoir touché terre en Gaule, en France, en Normandie, y puiseront le principe de la légitimité de leur occupation de l'Angleterre du chef de Rome, sous le nom de Normands-Francs, vassaux des rois de France, et formeront les îles et la puissance maritime de ce royaume de Juda étendu sur la France, l'Espagne et l'Italie entre les mains et sous le sceptre des Bourbons, comme entre les mains illégitimes de la Révolution et des Bonapartes usurpateurs.

Puis, dans la Germanie, à côté de l'Autriche, successeur légitime de l'empire, se rencontrent 1° les Saxons, ce peuple du Saxum ou de Pierre, appelé lo dernier au catholicisme, et dont la race anglo-saxonne transportée en Amérique semble prédestinée à être le dernier fondement politique de la puissance terrestre du Christianisme, le champion de la dernière lutte militaire et du dernier triomphe politique de l'Eglise avant les temps finaux et le second avènement du Christ.—2° Les Bavarois ou Boïens gaulois, ces colons Gallo-Celtiques, émigrés avant toute invasion germaine, en Germanie pour y conserver leur indépendance et échapper à la domination de Rome en Gaule et en Italie; — 3° Les Souabes ou Suèves, cantonnés, dès avant Arioviste, dans le pays de Bade, le Wurtemberg, le Tyrol, la Bohême et l'Autriche, la Westphalie et la Suisse orientale; — 4° Les Alamands-Teutons et Cimbres de la Hesse, du Hanovre, du Mecklembourg, du Brandebourg et de la vieille Prusse actuelle où ils se trouvent mêlés aux anciens Weudes, Venètes ou Vandales et aux Borussi slaves; — 5° Enfin, les Polonais slaves et les Hongrois madgyars, ces avant-gardes héroïques de l'Europe catholique qui en forment la limite civilisée et chrétienne.

Dans l'Orient, l'on retrouve l'ancien empire Romain grec, conservé jusqu'à la conquête turque, suite de son schisme et de sa défection du culte du vrai Dieu, et ces peuplades scythiques, sarmates, tartares et slaves, de Slaves affranchis, porteurs schismatiques aussi de l'aigle romaine, et successeurs prétendus des Grecs dont ils ont pris le schisme que le dernier siècle soulement a introduits en Europe, et dont on ne peut pas encore dire s'ils ne seront pas et ne devront pas être rejetés dans cette Asie où ils ont aussi pied et à laquelle ils appartiennent tout aussi légitimement, jusqu'au jour prédit où, sous le nom de Gog, alliés aux Perses, aux Tartares, aux Egyptiens, aux Indiens, aux Scythes, de même qu'au Mahométisme, à l'Afrique nègre et, à la démagogie européenne et à ce Magog prédit par Ezéchiel, (Ezech. chap. XXXVIII, v. 2, 3, 5, 6, 8, 13, 15, 16, chap. XXXIX, v. 6) ils envahiront à nouveau et pour un temps l'Europe, la Terre-Sainte et l'Eglise pour les couvrir de ruines et se faire briser et ensevelir à leur tour dans la fameuse vallée du Passant, (Ezéch. chap. XXXIX, v. II), celle des grands fleuves et des hautes montagnes des Alpes, et dans cet Engaddi où dort déjà, après Zurich, du sommeil de la mort, toute une armée de leurs soldats.

SCHISMES, HÉRÉSIES, CRIMES & FAUTES
de l'Europe chrétienne, causes de la situation actuelle.

IX

C'est après ce temps de formation et de cantonnements

des tribus du nouveau peuple juif en Europe, qu'est venue la série de ses infidélités et de ses idolâtries et la séparation définitive de ses Etats en deux Royaumes, le Royaume fidèle de France, d'Espagne et d'Italie en Occident, celui d'Autriche-Allemagne, de Hongrie et de Pologne dans l'Orient de l'Europe chrétienne avant le XVIII° siècle. — Puis, le royaume idolâtre des dix tribus hérétiques et schismatiques, l'Angleterre, le Danemarck, la Suède et Norwége, la Hollande, la Prusse, la Russie, la Grèce musulmane et schismatique, la Saxe protestante, le Hanovre et la Suisse.

Ces hérésies, ces schismes, les abandons de Dieu, les révoltes contre Dieu et son Eglise, les violations flagrantes de sa Loi et de sa justice, des crimes épouvantables de la part des gouvernements et des nations, telles sont les causes des maux dont l'Europe souffre aujourd'hui, comme autrefois le peuple juif.

Tout d'abord le Paganisme, disparu comme religion officielle, n'était pas mort et n'avait jamais été complètement anéanti : Il se retrouvait dans les souvenirs et dans les mœurs grossières, cupides et sensuelles de ces farouches guerriers, habitués au culte d'Odin et du dieu Thor, ainsi qu'aux festins continuels du Wahalla scandinave et germain, avant de sortir à nouveau tout armé des souvenirs, de la littérature et des arts de l'ancienne Grèce et de l'ancienne Rome avec la Renaissance. — Puis, malgré l'influence puissante du Christianisme sur les mœurs générales, son culte principal, celui de Vénus, était trop profondément enté sur la corruption du cœur humain, pour ne pas séduire et entraîner aux plus criants excès les riches, les puissants, les gouvernements, puis les masses.

Malgré l'ordre formel de Dieu, Israël conquérant la Terre-Sainte n'avait pas détruit absolument les Chananéens et ruiné de fond en comble le culte des démons et des faux dieux : Dieu le livra bientôt à ses ennemis, et à cette idolâtrie qu'il n'avait pas su anéantir, parce qu'il en portait le germe secret au fond de son cœur corrompu et naturellement infidèle. — Dans les premiers siècles du Christianisme déjà, puis, peu après la conquête et les invasions des Barbares, comme après Charlemagne, après les

Croisades, après Saint Louis, une effroyable licence et corruption de mœurs, déguisée sous le nom de galanterie che-
valeresque envahit le monde des grands et des puissants,
et la Renaissance trouva les esprits et les cœurs absolument préparés, sous prétexte de civilisation et de beaux
arts, à se jeter de nouveau dans ce luxe païen, cette mol-
lesse des mœurs et des habitudes, ce goût du beau matériel, cette frénésie des jouissances sensuelles si contraires
à l'esprit chrétien et à sa chaste et sévère sobriété. — Le
Paganisme, l'idolâtrie avaient rouvert leur voie secrète
jusqu'au jour où, grâce à l'éducation faite par les antiques,
ils eurent gagné et gangréné les assises mêmes de la société
moderne, préparé et fait la Révolution païenne, ennemie
de Dieu, de l'Eglise et lu Christ, comme l'a si judicieuse-
ment remarqué Mgr Gaume dans son opuscule « De la Révolution ». — C'est alors que commencèrent dans les cours,
au sein de la noblesse, même du clergé, ces scandales publics, ces mœurs courtisanesques, ces adultères officiels et
patents, ces adorations effrénées de la luxure et de la
chair, qui ne gardèrent plus ni pudeur, ni mesure et
firent de la tenue publique des maîtresses royales et sei-
gneuriales une habitude sacrée et consacrée contre laquelle
rien ne put plus réagir. — Après David et Saint-Louis,
Salomon ; — après la construction du Temple et l'édification de l'Eglise, les idolâtries, l'enivrement du luxe,
la séduction de la richesse, de la civilisation et des arts, la
chute profonde, indigne, humainement irrémédiable dans
le sensualisme, le culte des femmes et de la chair, l'oubli
de Dieu, de sa Sainteté et de ses Lois. — Après Marguerite
de Bourgogne et la Tour de Nesle, Isabeau de Bavière ;
après Charles VII et Agnès Sorel, François Ier, Henri II
et Diane de Poitiers, Henri III et ses mignons, Henri IV,
Louis XIV et leurs innombrables maîtresses, Louis XV,
le Parc-aux-Cerfs, et le XVIIIe siècle devenu infâme, précédant de peu la Révolution.

La Renaissance, le Paganisme, la Luxure, voilà la première étape générale des progrès du Mal contre le Bien et
contre Dieu après l'établissement du Christianisme. La
révolte ouverte des gouvernants contre Dieu fut la seconde. Celle des hérésies nationales et populaires dans le

schisme grec et le protestantisme, la troisième. — Elles
aboutirent au rejet définitif de Dieu, à une nouvelle abomination et désolation dans le Lieu saint, à un nouveau cru-
cifiement figuré et spirituel du Christ.

Dieu avait dit à Israël : C'est moi qui suis le Seigneur
ton Dieu, qui t'ai retiré de la terre d'Egypte et qui te gou-
vernerai par mes serviteurs, Moïse et Aaron, et par mon
prophète Samuel. — Mais Israël ne voulut plus du gouvernement direct de ce Dieu qui l'avait racheté, sauvé, élevé,
tiré de l'Egypte du péché, pour le placer dans la Terre
sainte de la liberté et du culte du vrai Dieu. Il voulut aussi
des rois indépendants de Dieu et de son gouvernement,
comme les nations païennes qui l'entouraient ; il voulut
subordonner à ses caprices et à ses fantaisies le culte du
Dieu trois fois saint, et la guerre du Sacerdoce et de l'Empire, les révoltes des rois contre le Saint-Siége et sa domination pacifique et spirituelle, le soufflet de Hogaret et les
Etats généraux de Philippe-le-Bel, l'asservissement essayé
de la Papauté et de sa subordination aux royautés tempo-
relles lors du schisme d'Occident, le gallicanisme des rois
de France et de Louis XIV, suite de leurs mœurs éhontées,
vinrent commencer cette œuvre de séparation d'avec Dieu,
d'élévation des gouvernements contre Lui qui a abouti à
la prédominance prétendue du pouvoir civil sur le pouvoir
spirituel de la Papauté et de l'Eglise, à la prétention à l'indépendance des pouvoirs, aux tentatives continuelles d'asservissement et de subordination de l'Eglise venue de Dieu,
aux volontés et aux caprices des potentats et gérants des
nations.

C'est cette prétention à l'indépendance de la part des
gouvernants qui, jointe au Paganisme de la Renaissance,
au rationalisme et au philosophisme également païens des
XIe et XIIe siècles de notre ère, et à la dissolution de plus
en plus grande des mœurs, vint préparer les chemins et
les voies à la réforme et se consommer, par l'hérésie, la
séparation de la plus grande partie des nations européennes
d'avec Dieu.

Elle amena, comme conséquence nécessaire, cet aveuglement éternel des gouvernants, cet esprit de cupidité,
d'ambition, d'injustice, qui fomente dès lors les guerres

perpétuelles dont l'Europe a été désolée sans interruption depuis Charlemagne et les guerres saintes et légitimes des Croisades jusqu'à nos jours.

A peine le grand Empereur avait-il fermé les yeux, que l'esprit païen de révolte contre l'autorité légime suscitait contre ses institutions et l'unité de son empire, soutien fervent de l'Eglise, cette Féodalité usurpatrice et ambitieuse, qui démembrait pièce à pièce tout le territoire et le pouvoir central de la grande monarchie franque, et en livrait le sol et le gouvernement à cette multitude innombrable de petits tyranneaux, qui ne savent plus que faire la guerre au profit de leurs avidités journalières, et rétablirent avec l'ignorance, la pauvreté, le servage, toute l'antique barbarie des premiers temps de la conquête qu'un nouvel effort laborieux de l'Eglise put seul vaincre, dissiper, anéantir.

Après l'établissement de la féodalité et de la lutte incessante des Etats, pour le rétablissement des monarchies unitaires chrétiennes, vint celle de l'empire contre le Sacerdoce, puis celle des Etats pour la suprématie en Europe et dans le monde, puis les guerres de religion, puis celles de la formation des derniers Etats européens entés sur le schisme et l'hérésie, puis celles de la Révolution française et de l'Empire, forme nouvelle des guerres de religion pour ou contre Dieu.

Autant de crimes, autant de fautes, sortis d'autres crimes et d'autres fautes premières, l'abandon de Dieu, la révolte contre Dieu et son autorité, la révolte contre Dieu et ses institutions, la révolte contre Dieu, son Eglise et ses Princes. fidèles, successeurs et représentants terrestres légitimes de son Christ.

Dans toutes ces guerres apparaît le même principe, la même méconnaissance des droits, de la loi et de la volonté de Dieu, le même oubli de son autorité souveraine et de ses desseins sur les nations.

A peine l'Eglise a-t-elle affirmé et fait accepter sa suprématie par la voix de ses grands Papes et de son Grégoire VII, à peine a-t-elle lancé l'Europe dans les Croisades, et sa seule guerre légitime contre le Croissant et l'Islanisme triomphant en Orient, que les rivalités naissent, que les discordes s'élèvent, que les ambitions se font jour, neutralisent tous les efforts de la Foi armée, assurent la victoire définitive de l'ennemi infernal de Dieu et la possession, aux mains des Sarrazins et des Turcs, de cette Jérusalem, de ce tombeau du Christ et de ce Calvaire, la première capitale et le berceau de l'Eglise et de l'Europe chrétiennes, que ces ennemis de Dieu possèdent encore à la honte de notre indifférence et de notre basse et lâche incrédulité, comme un témoignage vivant de la perte de notre Foi et de notre amour pour le Christ vainqueur du Monde, qui a voulu nous adopter pour ses enfants et son peuple élu.— Louis-le-Jeune et Henri Plantagenet, Philippe-Auguste et Richard Cœur-de-Lion, la France contre l'Angleterre, François Ier et Charles-Quint, Henri II contre Philippe II et l'Espagne, Richelieu et Ferdinand, Louis XIV et la maison d'Autriche abaissée, la Révolution et l'Empire contre l'Allemagne catholique, Napoléon III contre l'Autriche au profit de l'Italie et de la Prusse, partout les catholiques se ruinant et détruisant entre eux, au profit des ennemis furieux et patents de leur Foi et de leur religion, tel est le pitoyable et triste spectacle que nous laisse et offre l'histoire, depuis la fin du règne de la Foi, depuis le renouvellement du Paganisme, des mœurs et des habitudes d'esprit, depuis la révolte des gouvernements contre l'autorité légitime et la Papauté, depuis les hérésies et les schismes envahissant la Terre-Sainte et l'Europe, au détriment des fidèles et du culte du vrai Dieu.

A ces fautes, à ces crimes premiers est venue se joindre ensuite cette violation manifeste et de plus en plus continue de la loi primitive de Dieu, de son Décalogue, du Droit naturel et de toute justice, de cette loi éternelle et universelle inscrite au frontispice de tout droit, de toute morale et du code de toutes les nations: « Tu ne déroberas point.»
— Avec la révolte et les guerres, l'appétit est venu. — Révolte de la Féodalité contre le pouvoir central légitime, pour s'approprier le territoire des gouvernements administratifs confiés par Lui à ses officiers et fonctionnaires de tout rang et de tout grade : — Révolte des gouvernements contre la Papauté, guerres pour la conquête de cette Italie, de ce Milanais, de ce royaume de Naples, de

cet ancien royaume de Bourgogne et de Lorraine dont les destinées sont faites, et qui doivent appartenir de droit à l'Eglise les uns, à la France, à la Germanie les autres, dans les limites de l'ancienne possession romaine, principe et titre de la légitimité de possession par les nouveaux Etats, — Révolte contre Dieu et son Eglise, par les hérésies, prise de possession des biens ecclésiastiques, sécularisations, vols des choses saintes, des biens sacrés et du domaine ecclésiastique ; — formation de la Prusse sur les ruines et les biens volés des chevaliers teutoniques, de l'électorat de Cologne, de l'Alsace et de Strasbourg protestante et détentrice des biens d'Eglise ; — partage de la Pologne, spoliation de l'Autriche dépouillée de la couronne impériale, après la Silésie ; vol du Schleswig-Holstein au Danemarck, de l'Alsace-Lorraine à la France, des Etats du Rhin à la France et à la Confédération germanique, — Vol partout et toujours, tel est le résumé et le dernier mot de la politique européenne moderne, dont le Congrès actuel doit, de plus en plus, affirmer et consacrer, sanctionner aujourd'hui les résultats anti-divins et iniques. Mais l'heure des revendications de Dieu et de la Justice est arrivée.

Après la non-destruction du Paganisme, après l'acceptation pacifique de l'Islamisme comme maître des Lieux Saints, de l'ancien empire Grec-Romain, et de ce littoral de l'Asie et de l'Afrique qui avait appartenu à l'ancien monde Romain-Chrétien et Européen depuis Alexandre, puis les Césars, après la conservation de ces Chananéens proscrits par Dieu, après la révolte des princes et des grands contre le gouvernement légitime de l'Empire, après celle des gouvernements contre la Papauté, après les schismes, les hérésies et les idolatries, après la corruption des mœurs et ce règne éhonté de la luxure introduite publiquement dans les cours et dans le lit adultère des princes et des rois, après la violation de ce commandement général de Dieu qui défend de désirer et s'approprier le bien d'autrui, un dernier crime anti-divin, le rejet de Dieu lui-même, de son Christ, de son Prince, de sa Religion et de son Culte, est venu mettre le comble aux forfaits des nouveaux Juifs, et renouveler à la fois cette abomination de la désolation et cette suspension du culte du vrai Dieu, suites de la première destruction de Jérusalem et du Temple de Salomon par les Assyriens, et la figure, sinon la réalité, de ce déicide dont les Juifs se rendirent autrefois si terriblement coupables, et qui fut suivi d'un si épouvantable châtiment, celui de Caïn et de tous ceux qui verseront le sang innocent, celui du juste.

Déjà le mahométisme avait apporté une première fois dans le sanctuaire cette désolation tant pleurée par les prophètes et fait cesser partout le culte chrétien dans les Eglises conquises et profanées.

Le protestantisme va plus loin : Il tue le Christ dans son Sacrement vivant, qu'il supprime ou déshonore ; puis, il commence la Révolution, soulève les peuples et les masses contre toute autorité légitime et leurs anciens gouvernants, et, le premier, il ose porter sa main sanguinaire et brutale sur les oints du Seigneur, les ministres de sa justice dans le gouvernement des nations, et l'Angleterre calviniste fait la première tomber, sous la hache révolutionnaire, la tête de Charles Iᵉʳ.

Mais la Révolution française, fille du paganisme, du protestantisme, du philosophisme, de la luxure et de tous les ennemis de Dieu et de l'Eglise, ira plus loin encore.

Pépin-le-Bref et Charlemagne avaient fondé le royaume visible de Dieu sur la terre par l'érection du domaine de saint Pierre et la création de la souveraineté temporelle du Saint-Siége, primitivement limitée à la direction du municipe de Rome.

C'est à partir de ce moment qu'a commencé, suivant toutes les apparences, dans sa 2ᵉ ou 3ᵉ période, ce millénaire de la paix et domination de l'Eglise prédit par le grand Apôtre-Prophète, pendant lequel Satan et l'Enfer sont enchaînés pour mille ans, après lequel, remis en liberté pour un peu de temps, ils peuvent de nouveau exercer leur fureur contre l'Eglise et ses enfants, tenter de nouveaux efforts, tout aussi vains que les premiers, contre Dieu, Son peuple et Sa cité bâtie sur le roc de saint Pierre.

C'est aux années 753, 768, 798 que se rapportent les diverses donations des rois francs au Saint-Siége, le couronnement de Charlemagne comme empereur et le commencement de ce millénaire, pendant lequel, l'Eglise alliée aux Etats chrétiens, acceptée en général, au moins en théorie, par eux, dans sa prédominance et sa suprématie comme pouvoir supérieur, inspiratrice des Lois, des mœurs, des actes, du ministère de la justice, et préposée avec Dieu aux constitutions non écrites des peuples, régnera visiblement sur l'Europe chrétienne et en dirigera encore la conduite et les mouvements principaux, au moins dans l'ordre spirituel.

Mais les mille ans sont écoulés : le XVIIIe siècle est venu et avec lui la fin du millénaire, le nouveau déchaînement de l'enfer, la troisième époque de l'action de cette seconde Bête de Satan, la Révolution qui, d'après la parole du Prophète, animera et fera revivre et parler l'image de la première, le Paganisme (Apoc. Chap. XIII, v. 15), en exercera la puissance (Ibid. v. 12) et fera de grands prodiges, jusqu'à faire descendre le feu du Ciel sur la terre, devant les hommes (Ibid. v. 13), comme fera Francklin avec son paratonnerre peu avant la Révolution.

La corruption du cœur, l'aveuglement de l'esprit et du cœur, l'impiété et les scandales publics sont à leur comble : les sociétés gouvernantes et intelligentes sont pourries et gangrenées jusqu'à la moelle. La Révolution se fait, et avec elle ce crime épouvantable de la négation officielle et publique du Dieu des Chrétiens par la première des nations catholiques, l'élue entre les élus des peuples de Dieu ; — négation qui ira jusqu'à la rupture éclatante avec toutes les traditions de la Foi, de la piété et de l'amour des ancêtres, s'attaquera à tout, même aux pierres des monuments et des croix et aux ossements des Saints et des Rois morts dans la Foi, reniera officiellement Dieu, Le chassera de la Législation, de la constitution, des mœurs, du calendrier et du culte, persécutera l'Eglise, en tuera par milliers les ministres, en profanera et défendra le culte légitime, et, consommant la révolte contre lui, ses fidèles, ses Institutions et le gouvernement royal établi par Lui, fera à son tour monter sur l'échafaud ce roi, représentant vivant et incarné du Christ et de son autorité déléguée, Louis XVI et tous ceux qui auront conservé la fidélité à leur Dieu, à leur Foi et à leur Roi, — pour arriver à adorer l'Etre suprême indéfini, puis la Raison humaine déguisée sous la figure des plus misérables catins du temps, au milieu des orgies de sang et de vin de la plus basse populace et des plus épouvantables excès de tout genre.

Puis cette Révolution veut à son tour régner en maîtresse sur le monde : Elle soulève les peuples, met la main sur Rome et, pour la première fois, sur la puissance temporelle de la Papauté, puis couronne à son tour un César, Napoléon, empereur nouveau, à la place des rois, juste mille ans après Charlemagne, empereur chrétien et légitime de l'occident romain. — Elle abaisse les puissances traîtresses à Dieu et à l'Eglise, et les humilie au plus bas, elle sème partout la guerre, les invasions, les appauvrissements des nations, les dettes écrasantes des peuples et de leurs budgets, les haines, les antagonismes, les humiliations des rois mis à genoux devant elle, jusqu'à ce que la main de Dieu vienne en coucher le géant dans la poussière, après l'avoir frappé et son armée, dans les neiges et les glaces de la Russie.

Depuis, cette Révolution a repris et continué : 1830-1848, 1852-1870, 1870-1888, trois dates, trois étapes de dix-huit ans, jusqu'au moment où il lui sera permis de revenir sous une autre forme dans la lutte de l'Asie et de l'Afrique mahométanes alliées à la Russie et à la démagogie européenne contre l'Europe reconstituée, confédérée et en paix, sous des gouvernements constitutionnels modérés et sous la présidence prochaine de la Papauté rétablie sur son trône.

Voici le bilan et le sommaire à grands traits des crimes et des fautes des nations chrétiennes européennes depuis leur constitution et leur appel privilégié au catholicisme, sous la main de Dieu et de l'Eglise : — Crimes contre Dieu, son Eglise, sa souveraineté, son gouvernement et ses Lois : — Fautes contre le bon sens, la raison, la conscience, la morale, le droit, — fautes individuelles, fautes politiques Aussi ont-ils, ont elles porté leurs fruits !

CONSÉQUENCES POLITIQUES
des crimes et des fautes de l'Europe chrétienne.

X

Le mahométisme n'a pas été combattu, expulsé, détruit, et nous avons la guerre d'Orient, cause et principe de guerre générale actuelle entre toutes les nations de l'Europe.

Le Paganisme est entré dans nos écoles, dans notre instruction, dans nos esprits, dans notre cœur, dans nos mœurs, dans nos arts, dans notre vie publique et privée depuis la Renaissance, et nous avons eu le Protestantisme et les guerres de religion, la Révolution et les guerres de la République et du premier Empire, comme nous avons eu les guerres du second Empire et allons avoir celles de la seconde République.

Les gouvernements se sont détachés du Saint-Siége et de l'Eglise qu'ils ont voulu mettre sous eux et opprimer, et la révolte politique est née dans le monde chrétien, révolte de la Féodalité contre le Pouvoir central après Charlemagne, révolte des peuples soumis contre la domination franque et l'empire Romain, révolte des princes contre les monarques dans la lutte des grands vassaux contre les empereurs et les rois, révolte de la noblesse contre les princes dans les guerres de la Réforme en France, révolte du populaire contre les rois, la noblesse et les princes depuis la Jácquerie et la guerre des Pastoureaux et des Paysans, jusqu'à la Révolution française inclusivement, révolte de la bourgeoisie contre la noblesse et la royauté, révolte de la petite bourgeoisie et des classes ouvrières contre la haute bourgeoisie et la finance, bientôt, révolte des campagnes contre le Tiers-Etat dominant, tentative de suppression de tous les gouvernements réguliers, communisme, socialisme, sans-culotisme, jacobinisme, radicalisme, etc.; autant d'étapes et de formes diverses de la révolte et de la Révolution démagogique et athée.

Les gouvernements catholiques, loin de chercher la justice et le règne de Dieu et de s'unir pour en combattre les ennemis, n'ont plus obéi qu'à leurs ambitions et à leurs rivalités pour la suprématie. — L'Angleterre, alors catholique, a combattu la France; la France a combattu l'Espagne et l'Autriche. — Abaisser, abaisser l'Autriche; abaisser, abaisser l'Espagne, abaisser la France, tel a été le seul mot de la politique depuis les derniers siècles, et l'Angleterre protestante a conquis l'empire des mers, et la Russie est devenue l'empire-géant que l'on sait, et l'électorat de Brandebourg est devenu la Prusse, aujourd'hui l'empire d'Allemagne, enlevé à l'Autriche après la Silésie, au nom du protestantisme prédominant.

Un autre mot de la politique a été : Voler, voler toujours, et les Puissances ont partagé la Pologne; puis elles ont disséqué et démembré la France en 1815 et 1870; puis elles ont diminué l'Autriche en 1858 et 1866, puis le Danemark en 1864, aujourd'hui la Turquie, et l'on est venu à ériger en axiome cette maxime honteuse et inique : « *La force prime le droit.* » — Mais le sphynx qui trône à Berlin, et qui pense y tenir les ficelles de la politique du jour, n'a pas encore dit son dernier mot, et les appâts, avec lesquels l'on pense séduire certaines puissances pour en empêcher l'alliance avec d'autres, pourraient bien n'être qu'un de ces présents dangereux faits pour préparer et consommer d'autres invasions, d'autres guerres et d'autres partages prochains.

Enfin les puissances et les nations ont renié Dieu, abandonné et repoussé son culte, renié et rejeté sa souveraineté suprême, attaqué, persécuté, tué, emprisonné ses ministres; opprimé, enchaîné, flagellé, humilié son Eglise et son Vicaire, dont elles veulent interdire l'enseignement libre, la parole et l'action. Dieu les a livrés aux absolutismes, aux esclavages, aux guerres, aux fléaux, à la révolte, à la révolution. — Maintenant son heure est venue : les antagonismes sont en présence, et les ennemis de Dieu aux prises entre eux-mêmes vont se détruire les uns par les autres pour tomber successivement à Ses pieds, refaire eux-mêmes Son royaume, rétablir Sa loi, Son culte, Sa suprématie, Ses gouvernements amis et fidèles, Ses tribus, dans leurs limites respectives; Russe contre Turc, Anglais contre Russe, Prussien autocrate et Italien révolutionnaire contre Autrichiens et Français infidèles, Monarchie absolutisme césarique contre Révolution et despotisme conventionnel, républicain ou radical, socialisme contre Révolution et République ; toutes les nations, tous les peuples, tous les principes politiques, gouvernementaux ou sociaux aux prises dans cette guerre générale qui va éclater, et que le retour volontaire à Dieu, au Catholicisme, à l'Eglise, suivi des restitutions et réparations convenables, pourrait seul éviter et conjurer ; voilà où a conduit l'abandon de Dieu, le mépris de ses volontés souveraines et souverainement bonnes et bienfaisantes, la violation de Sa justice et de Sa loi.

Cette guerre générale, ce conflit universel, le Congrès les préviendra-t-il ?

Il est permis d'en douter, à en juger par les tendances et les habitudes de la politique moderne, l'infatuation des hérésies, la bassesse de vues des diplomates, l'aveuglement général des gouvernements, les maximes de la politique des intérêts et des voleries, seule prédominante aujourd'hui.

BUT PRÉSUMÉ DU CONGRÈS.

X 1

Pour tous ceux qui sont un tant soit peu au courant des manières de faire de nos diplomates d'aujourd'hui, le Congrès n'a pu avoir qu'un seul but avouable : « Essayer de satisfaire le mieux possible tous les intérêts du moment dans le partage plus ou moins complet de certains morceaux de la Turquie d'Europe, et ajourner toutes solutions définitives pour éviter autant que possible ce conflit général, que tout le monde redoute instinctivement, mais que l'on ne s'occupe pas d'empêcher par les seuls moyens qui pourraient l'étouffer.

Pour les habiles, cette réunion des plus fortes têtes diplomatiques de l'Europe, à Berlin, a certainement plusieurs autres objectifs bien autrement importants, et qui en forment au fond le véritable intérêt.

Sans être diplomate, il est facile d'en indiquer plusieurs :

1° Se tâter les uns les autres, et voir quelles seraient, en cas de guerre, les alliances, les neutralités, les ennemis, les moyens de faire ou d'empêcher les unes et les autres, les avantages matériels et d'agrandissements nouveaux que pourraient offrir les unes ou les autres, etc.

2° De la part de la Prusse et de la Russie intimement alliées et unies en ce moment, le désir secret d'empêcher toute alliance entre l'Angleterre, l'Autriche, la France, afin de consolider les résultats obtenus des deux dernières guerres, puis attaquer et anéantir séparément chacun de ces adversaires isolés et abandonnés à eux-mêmes, afin d'en finir une bonne fois avec les craintes de l'avenir et toute velléité de retour contre les résultats acquis et ceux que l'on espère obtenir encore.

3° De la part de la Prusse, la double préoccupation de la France hostile, se relevant peu à peu, refaisant ses forces, son armée, sa puissance pour dévorer l'Allemagne et les affronts de la dernière guerre,—puis celle de la Révolution et du socialisme; — préoccupations puissantes qui peuvent la faire hésiter à s'en prendre d'abord à l'Autriche pour essayer de l'anéantir sous les efforts réunis de la Russie, de la Prusse et de l'Italie, en présence de la neutralité achetée de l'Angleterre, satisfaite momentanément en Orient, et de celle aveugle de la France protestante et révolutionnaire applaudissant à la destruction du dernier grand Etat officiellement catholique, — pour en tourner ensuite toutes les forces englobées dans celles de l'Allemagne contre cette même France qui empêche de dormir tranquilles tous les diplomates du monde et du Nord de l'Europe; — Mais, préoccupations sérieuses qui peuvent amener aussi l'ennemi héréditaire de la France à essayer de refaire avant tout contre nous et la Révolution, ennemie des trônes et des monarchies, la Sainte Alliance des nations de l'Europe et de tous les gouvernements monarchiques encore existants, pour tâcher d'en finir une bonne fois avec ces remueurs d'idées et de peuples avec lesquels on ne peut jamais vivre en paix, avec ces démolisseurs incessants qui sapent partout les bases des trônes et de tout gouvernement régulier, en même temps qu'avec les catholiques et l'Eglise dont la France est le dernier refuge libre et le dernier appui moral, comme l'espérance terrestre.

SON RÉSULTAT NÉCESSAIRE, LA GUERRE GÉNÉRALE.

XII

En tout cas, ce n'est pas la paix qui peut sortir de ce Congrès, mais la guerre, la guerre forcée et nécessaire, la guerre que l'on pourra bien reculer par des replâtrages et des demi-mesures, mais que l'on n'évitera pas ; la guerre prochaine, certaine, infaillible, si les gouvernements européens ne veulent pas, de bonne foi, sérieusement, unis de vues, d'intentions et de résolution pour la réalisation du Juste et du Bien, s'entendre entre eux pour faire collectivement tous les sacrifices intérieurs et extérieurs à la Justice, au bon Ordre, à la Paix.

DES MOYENS A EMPLOYER POUR L'ÉVITER OU LA LOCALISER

XIII

Ces sacrifices, ces efforts, quels sont-ils ?

Multiples, difficiles, impossibles, l'on pourrait dire, à la nature humaine :

1° Revenir à l'Eglise, au Catholicisme, à Dieu.

2° A la Justice.

3° Supprimer le parlementarisme et la liberté de la mauvaise presse.

4° Anéantir la révolution et les révolutionnaires, le radicalisme et la maçonnerie.

5° Rétablir dans toute l'Europe les gouvernements monarchiques, constitutionnels et modérés légitimes, et en refaire les constitutions et les lois organiques.

6° Rétablir la Papauté et sa souveraineté temporelle.

7° Convenir d'une alliance intime et d'une confédération fermement liée et conventionnellement définie entre tous les Etats de l'Europe sous la présidence de la Papauté, pour le maintien de la Justice, de la Paix, et de la nouvelle Constitution des Etats et des gouvernements de l'Europe.

8° Faire les restitutions nécessaires et refaire la caste politique de l'Europe, et pour cela :

Obliger l'Angleterre à rendre à l'Irlande l'égalité des droits civils, religieux et politiques, et son autonomie dans une sage confédération ;

Rendre à la Suède la Laponie, la Finlande et les bords orientaux de la Baltique ; — au Danemarck, réuni de nouveau à la confédération scandinave du Nord, le Schleswig-Holstein ; — à la France, la rive gauche du Rhin, le Piémont, ses anciennes îles de la Manche et le Canada ; — à l'Espagne, Gibraltar ; — à l'Eglise, Malte et Rhodes ; — à l'Autriche, l'empire de l'Allemagne confédérée et la Silésie ; — à la Papauté, ses Etats ; — à la maison de Bourbon, Naples et ses Etats d'Italie ; — à la Lombardie, à la Toscane et à Venise, leur ancienne liberté dans une confédération italienne nouvelle dirigée par la Papauté ;

Reconstituer la Pologne sous un prince français, ou en former avec la Hongrie un Etat nouveau confédéré à l'Allemagne et à l'Autriche sous le sceptre d'un prince autrichien ;

Reconstituer l'empire gréco-latin d'Orient entre les mains d'un archiduc d'Autriche ou du roi de Grèce actuel, et un royaume Roumain-Serbe et Monténégrin uni ayant en outre l'Illyrie et la Dalmatie sous le gouvernement du prince des Monténégrins ;

Refaire au profit de la maison de Sardaigne les royaumes de Syrie, de Jérusalem et de Chypre avec les régences de Tunis et de Tripoli ;

Rendre à l'Espagne, fédérée au Portugal, le Maroc ; créer des royaumes chrétiens nouveaux d'Arménie, du Caucase, de Damas, de l'Asie mineure et d'Egypte, sous le gouvernement de princes belges, saxons, bavarois, autrichiens, italiens, espagnols et portugais, avec neutralisation du canal de Suez au profit et aux frais de toute l'Europe ;

Expulser définitivement la Turquie et le Mahométisme de tout l'ancien monde européen-romain connu ;

Donner à l'Allemagne la marine et l'accès à la mer auxquels elle a droit comme toute nation, par l'entrée de la Hollande dans la Confédération, et l'unifier en un certain

nombre de royaumes confédérés sous le sceptre impérial
de l'Autriche, — par exemple : un royaume de Saxe, un de
Pologne-Hongrie, un de Hollande-Hanovre, un de Wurtemberg, un de Bavière seulement comprenant Bade et la
Hesse ; — enfin, l'Etat d'Autriche-Bohême-Tyrol ;

Rendre à l'Eglise sa liberté, son enseignement, l'école,
ses droits, ses circonscriptions, sa juridiction civile et
ecclésiastique et sa prédominance spirituelle et morale sur
les gouvernements.

Tel serait, à grands traits, le cadre de ces sacrifices, de
ces efforts nécessaires.

De la CONDUITE & de L'ACTION NÉCESSAIRE des Catholiques en vue des événements prochains.

XII

Ceux-ci seront-ils faits ? Par la main et la volonté des
hommes ? Non. Ils sont humainement impossibles ! Par la
main de Dieu, oui, et prochainement, sans que l'on puisse
encore en prévoir les moyens et les voies, en dehors de
cette guerre générale, inévitable à laquelle l'Europe n'é-
chappera pas.

Mais en face de ces prévisions rationnelles et que tout
conspire à justifier, quelle doit être dès à présent, quelle
devra être plus tard la conduite, l'action des catholiques ?

Dans les deux cas, des plus simples.

Pour le moment, se recueillir, se préparer par la prière
et les sacrements aux grands dévouements et aux grandes
résolutions, s'unir, s'associer dans des sentiments com-
muns et dans la lecture des mêmes journaux et des mêmes
revues, sous la direction morale des comités politiques
centraux de leurs sénateurs et députés de Paris, des comités directeurs de leurs associations légales et officielles
dans le monde entier ; se tenir prêts à toute action politique, électorale ou autre qui serait trouvée opportune, se
tenir au courant des moindres mouvements ou événements
politiques, tant en France qu'à l'étranger : multiplier leurs
journaux, leurs Revues, leurs instruments de propagande,

par la parole, l'enseignement, l'exemple et la Presse, etc. ;
lier des relations prochaines et suivies entre eux dans
toutes les contrées du monde en vue d'une action commune
future, faire leur bourse et leurs économies, ne pas se
laisser prendre au dépourvu, ni surprendre par leurs ennemis.

Si la Révolution suit en France sa marche ascendante
pour arriver à la tyrannie conventionnelle et une nouvelle
persécution religieuse, comme il est facile de le prévoir,
faire ce qu'a fait l'Eglise dans tous les temps d'épreuves et
de compression brutale, souffrir et combatre, vaincre par le
martyre et par l'épée. — Si la guerre civile éclate, comme
il faut s'y attendre, entre la future Convention rétablissant
le règne de la Terreur rouge, et les partis luttant pour
le pouvoir ou pour la conservation sociale, intervenir en
temps utile et quand le moment en sera venu.

Lorsqu'enfin la guerre générale éclatera, et que les ennemis de Dieu et de l'Eglise coalisés s'attaqueront par les
armes à la France ou à l'Autriche, sous quelque prétexte
que ce puisse être, se ranger à quelque nation ou parti
qu'ils appartiennent, autour du Roi de France, sous le drapeau blanc des Lis et de la Vierge, et défendre jusqu'au
dernier soupir la catholicité et les dernières puissances
catholiques menacées, agressées, envahies.

Vaincre ou mourir, voilà quelle doit être désormais leur
devise. Pour Dieu, l'Eglise et le Roi, voilà quel en sera le
mot d'ordre, dans les conflits, les guerres, les luttes de
toute nature et de toute forme que l'Europe s'est si malheu-
reusement attirés par ses défaillances et ses crimes, qu'aucune puissance humaine au monde n'arrêtera, sans doute
plus.

HENRY.

PRIÈRE SPÉCIALE

TIRÉE DU

LIVRE DES PROPHÉTIES MODERNES

Pour le temps de bouleversement général et prochain qu'elles annoncent.

(A dire tous les Jours).

A LA TRÈS-SAINTE VIERGE,

Auguste Reine des Cieux, Souveraine Maîtresse des Anges, Vous qui, dès le commencement, avez reçu de Dieu le pouvoir et la mission d'écraser la tête de Satan, nous vous le demandons humblement, envoyez vos légions saintes, pour que, sous vos ordres et par votre puissance, elles poursuivent les démons, les combattent partout, répriment leur audace et les repoussent dans l'abîme.

Qui est comme Dieu ? Saints Anges et Archanges, défendez-nous, gardez-nous. O bonne et tendre Mère, vous serez toujours notre Amour et nôtre Espérance. O Divine Marie, envoyez vos Anges pour nous défendre et repousser loin de nous notre cruel ennemi.